Starożytna Grecja jest kamieniem węgielnym cywilizacji Zachodu. Jej mitologia stanowiła integralną część sztuki, literatury, religii oraz edukacji greckiej społeczności tamtych czasów. To właśnie dzięki tej mitologii możemy dziś choć częściowo poznać naturę i kulturę starożytnych Greków.

The ancient Greeks stand at the cornerstone of Western civilisation. Their mythology was an integral part of the art, literature, religion and education of ancient Greek society. It is through their mythology that we today can gain some understanding of what the ancient Greeks were like as a people and a culture.

First published 2002 by Mantra
5 Alexandra Grove, London N12 8NU
www.mantralingua.com

Text copyright © 2002 Mantra Lingua
Illustrations copyright © 2002 Diana Mayo

British Library Cataloguing in Publication Data:
a catalogue record for this book is available
from the British Library.

Puszka Pandory

Pandora's Box

retold by Henriette Barkow
illustrated by Diana Mayo

mantra

Dawno, dawno temu, na początku dziejów, żyli bogowie i boginie.

Zeus, największy z bogów, zasiadł na Górze Olimp, spojrzał na ziemię i stwierdził, że jest piękna, lecz czegoś jej brak. Spojrzał raz jeszcze i uznał, że na ziemi potrzebne są ryby, ptaki i inne zwierzęta.

Long long ago, at the beginning of time, lived gods and goddesses.

Zeus, the king of the gods, sat on Mount Olympus and thought that the earth was beautiful but also that something was missing. He looked closer and decided what was needed on earth were animals and birds and fishes.

Zeus wezwał do siebie dwóch Tytanów: Prometeusza i Epimeteusza i nakazał im stworzyć wszystko, co miało żyć na ziemi.

"Oto sakwa pełna szczególnych darów, które rozdacie swoim stworzeniom" – rzekł Zeus do Tytanów.

Zeus called the two Titans, Prometheus and Epimetheus, to him and gave them the task of creating all the creatures to live on the earth.

"Here is a bag with some special gifts that you can give to your creations," he told them.

Prometeusz i Epimeteusz byli braćmi i jak to bywa wśród braci, każdy z nich miał inne słabe i mocne strony. Prometeusz, którego imię znaczy "Wprzód-Myślący," czyli Roztropny, był mądrzejszy od swego brata i wybiegał myślą w przyszłość. Dlatego ostrzegał Epimeteusza: "Nie cały czas będę przy tobie, więc radzę ci, obchodź się bardzo rozważnie z każdym podarunkiem od Zeusa."

Prometheus and Epimetheus were brothers, and like many brothers each had his own strengths and weaknesses. Prometheus, whose name means forethought, was by far the cleverer, and as his name suggests, he could often see into the future. Thus it was that he warned Epimetheus: "I won't always be here, so take great care with any gift that Zeus may give."

Choć Epimeteusz nie był tak mądry jak jego brat, potrafił tworzyć piękne rzeczy – niczym rzeźbiarz czy cieśla. Uczynił mnóstwo stworzeń według swego upodobania, obdarzając je podarunkami z torby otrzymanej od Zeusa. Jednym stworzeniom dostały się długie szyje, innym natomiast paski, ogony, dzioby i pióra.

Although Epimetheus wasn't as clever as his brother, he was good at making things, like a sculptor or a carpenter. He created all the creatures that he could think of and gave them different gifts from Zeus' bag. Some he gave long necks, others he gave stripes and tails, beaks and feathers.

Gdy Epimeteusz zakończył pracę, pokazał swe dzieła Prometeuszowi. "Co o nich sądzisz?" – zapytał brata.

"Są zaiste wspaniałe!" – rzekł Prometeusz.

Rozglądając się po ziemi, Prometeusz wpadł na pomysł stworzenia jeszcze jednej istoty – wzorowanej na bogach. Wziął glinę, zmieszał z wodą i ulepił pierwszego człowieka.

Następnie ulepił mu przyjaciół, aby ten nie czuł się samotny.

When he had made all the creatures he showed them to Prometheus. "What do you think?" he asked his brother.

"They are truly wonderful," said Prometheus.

Looking across the earth Prometheus then had the idea for another kind of creature - one that would be modelled on the gods. He took some clay and added some water and moulded the first man.

Then he made him some friends so that man wouldn't be lonely.

Gdy skończył, pokazał swoje działa Zeusowi, a ten tchnął w nie życie.

When he had finished he showed his creations to Zeus who breathed life into them.

Prometeusz i Epimeteusz nauczyli człowieka, jak żyć. Pozostali na ziemi, pokazując mu, jak polować, budować schronienia i uprawiać ziemię.

Pewnego dnia Prometeusz sięgnął do torby Zeusa, szukając podarunku dla swego stworzenia, lecz torba okazała się pusta. Trąba dostała się słoniowi, długi ogon - małpie, przeraźliwy ryk - lwu, zdolność latania - ptakom, itd. Dla człowieka nie pozostało już nic.

Prometheus and Epimetheus taught man how to look after himself. They stayed on earth and lived with man teaching him how to hunt, build shelters and grow food.

One day Prometheus went to Zeus' bag to find a gift for his creations but the bag was empty. The trunk had been given to the elephant, the long tail had been given to the monkey, the biggest roar to the lion, flight to the birds and so it went until there were no more gifts.

Prometeusz, który był dumny ze swego dzieła, pragnął podarować mu coś wyjątkowego: coś, co uczyniłoby jego życie znacznie łatwiejszym. Gdy obserwował stworzonego przez siebie człowieka, wpadł na pewien pomysł: podaruje mu ogień.

Ogień wszak należał do bogów i aby dać go człowiekowi, Prometeusz musiał go im wykraść.

Pod osłoną nocy Tytan wspiął się na Olimp, skradł bogom maleńki płomyczek i dał go człowiekowi. Nauczył też człowieka, jak ma go podsycać i w jaki sposób z niego korzystać.

Prometheus, who had grown very fond of his creations, wanted something special to give to man, something that would make his life easier. And as he watched his creation the idea came to him — fire. He would give man fire.

Now fire belonged to the gods and the only way that Prometheus could give fire to man was by stealing it.

Under the cloak of darkness Prometheus climbed Mount Olympus and stole a tiny flame and gave it to man. He taught him how to keep the flame alive and all that man could do with fire.

Nie trzeba było wiele czasu, by Zeus zauważył, że człowiek posiada coś, co jest własnością nie jego, lecz bogów. Nie mógł jednak odebrać mu tego, co było boskim darem. Zeus wpadł we wściekłość i postanowił ukarać zarówno Prometeusza jak i człowieka.

Spętał Prometeusza łańcuchem i przybił go do skały. Cierpienie Tytana było ogromne, lecz Zeus pragnął zemsty jeszcze straszliwszej.

It didn't take long for Zeus to see that man had something that didn't belong to him, something that belonged to the gods and a gift given by a god could not be taken back. Zeus was furious and with all the rage and wrath of a god he decided to punish both Prometheus and man.

Zeus grabbed Prometheus and chained him to a cliff. The pain was almost unbearable but that wasn't enough for Zeus, he wanted Prometheus to suffer even more.

Posłał orła, by wyrywał Prometeuszowi wątrobę. W ciągu nocy nieśmiertelna wątroba odradzała się, lecz za dnia ponownie pojawiał się orzeł, aby ponawiać torturę i odnawiać męki Prometeusza.

Tak więc Tytan skazany został na wieczne cierpienie, bez jakiejkolwiek nadziei na jego kres.

So Zeus sent an eagle to tear out Prometheus' liver. Every night his liver would heal and every morning the eagle would return, to torment and torture Prometheus even more.

This was pain without ending, and thus Prometheus was doomed to suffer forever without hope.

Ukarawszy Prometeusza, Zeus zaczął obmyślać sposób zemszczenia się na człowieku. Wymyślił bardzo sprytny plan, godny boskiego umysłu. Stworzył istotę ludzką, wyglądem przypominającą boginię. Była to kobieta.

Gdy Zeus skończył swe dzieło, tchnął w nie życie.

Having punished Prometheus, Zeus devised a cunning plan to take his revenge on man. A plan that was worthy of a god. He created a being that looked like a goddess but was a human.

He created woman and breathed life into her.

Zeus wezwał do siebie innych bogów i boginie i poprosił,
żeby każdy z nich dał kobiecie jakiś podarunek. I tak, pośród
wielu darów, kobieta otrzymała urodę od Afrodyty, mądrość
od Ateny, zdolność pięknego wypowiadania się od Hermesa
i wdzięczny głos od Apollina.
Zeus dał kobiecie na imię Pandora i posłał ją na ziemię.

Zeus called the other gods and goddesses to his side and asked
them each to give woman a gift. Among the many attributes,
Aphrodite gave woman beauty, Athena gave her wisdom, Hermes
gave her a clever tongue and Apollo gave her the gift of music.
Zeus named her Pandora and sent her to live on earth.

Kobiecie stworzonej w niebiosach i obdarzonej boskimi darami nie sposób było się oprzeć. Gdy Epimeteusz zobaczył Pandorę, zakochał się w niej.

W dniu ich zaślubin, Zeus podarował młodej parze piękną, a zarazem intrygującą szkatułę. Rzekł on do Pandory: "Ciesz się pięknem tego przedmiotu i dobrze go strzeż – pamiętając, że nigdy nie wolno ci go otworzyć."

Biedna Pandora... Zeus przypieczętował jej los, pośród innych darów ofiarowując jej ciekawość.

A woman made in heaven, with the gifts of the gods, was impossible to resist and Epimetheus fell in love with Pandora.

On their wedding day Zeus gave them a beautiful and intriguing box. "Enjoy the beauty of this gift, and guard it well. But remember this - this box must never be opened."

Poor Pandora, Zeus had woven her fate, for amongst the gifts of the gods was the gift of curiosity.

Początkowo, Pandora i Epimeteusz byli bardzo szczęśliwi. Ziemia była wszakże zasobnym i pogodnym miejscem do życia. Nie było wojen, chorób, smutku ani cierpienia.

Podczas gdy w ciągu dnia Epimeteusz przebywał poza domem, Pandora mądrze korzystała z daru ciekawości, który otrzymała od Zeusa. Wymyślała coraz to nowe sposoby przyrządzania potraw i układała nowe pieśni. Uważnie przyglądała się otaczającym ją zwierzętom i owadom. Pokazała mężczyźnie, jak posługiwać się ogniem w celu przygotowywania posiłków i urabiania metali.

At first Pandora and Epimetheus were very happy. The world was a rich and peaceful place. There were no wars or illnesses, no sadness or suffering.

While Epimetheus was out all day Pandora used her gift of curiosity wisely. She found new ways to prepare their food and new music to play. She studied the animals and insects around her. Pandora showed man new ways of using fire to cook and work metals.

Jednakże ciekawość to broń obosieczna. Pandora uczyniła wiele wspaniałych rzeczy, jednak wciąż nie mogła odpędzić od siebie myśli o tajemniczej szkatule. Codziennie szła do niej, aby choć na nią popatrzeć. I każdego dnia rozbrzmiewały jej w uszach słowa Zeusa:
"Nie wolno ci jej otworzyć!"

But curiosity is a double-edged sword, and for all the good that Pandora had done she could not put the locked box out of her mind. Every day she would just go and have a look at it. And every day she remembered Zeus' words:
"This box must never be opened!"

Minęło kilka miesięcy i znów Pandora usiadła przy szkatule. "Co złego może się stać, gdy tylko zerknę na to, co jest w środku?" – zapytała samą siebie. "Na pewno nie ma tam niczego straszliwego..." Pandora rozejrzała się, sprawdzając, czy w pobliżu nikogo nie ma, a upewniwszy się, że jest sama, wyjęła z włosów szpilkę i ostrożnie otworzyła zamknięcie szkatuły.

After some months had passed Pandora found herself sitting in front of the box again. "What harm would it do if I just sneaked a look inside?" she asked herself. "After all what could possibly be in there that is so terrible?" She looked around to make sure that she was alone and then she took a pin from her hair and carefully picked the lock.

Gdy tylko zamek został otwarty, pokrywa odskoczyła i szkatuła otwarła się. Trudno opisać słowami przerażające rzeczy, zamknięte w szkatule i cały ogrom cierpienia, które opanowało świat.

As soon as the lock opened, the lid flew back and the box burst open. It is hard to explain in words the terrible things that were stored within that box and the suffering that was unleashed upon the world.

Ze szkatuły wymknęły się na wolność: nienawiść, chciwość, zaraza, choroby i wszelkie inne udręki, gnębiące człowieka po dziś dzień.

When the lid was lifted, out flew hate and greed, pestilence and disease and all the terrible things that still torment us today.

Pandora była tak przerażona tym, co uczyniła, że chwyciła pokrywę i z całej siły wcisnęła ją na powrót na szkatułę.

Wyczerpana, usiadła na ziemi i zaczęła szlochać.

"Wypuść mnie! Wypuść mnie!" – zawołał jakiś delikatny, łagodny głosik.

Pandora podniosła głowę i rozejrzała się, by sprawdzić, skąd dochodził głos.

Pandora was so shocked when she saw what she had done, that she grabbed the lid and forced it down again with all her strength.

Exhausted she sat on the ground and sobbed.

"Let me out! Let me out!" cried a small and gentle voice.

Pandora looked up to see where this sweet voice was coming from.

"Jestem w szkatule. Błagam, wypuść mnie!" – prosił głos.

"Coś, co tak słodko brzmi, nie może być złe" – pomyślała Pandora, wróciła do puszki i powoli uniosła pokrywę.

Ze środka wyleciało uskrzydlone światełko, delikatne niczym motyl. "Jestem Nadzieja. Pomogę człowiekowi stawić czoło przyszłości. Gdy będzie wam bardzo źle, będziecie wierzyli, że kiedyś nadejdzie lepszy dzień."

Po tych słowach nadzieja wzbiła się w niebo i poszybowała w dal.

"I'm in the box, please let me out," it pleaded.

"Anything that sounds so sweet can't be terrible," thought Pandora and she went back to the box and slowly lifted the lid.

Out flew a small and gentle light with wings as delicate as a butterfly's. "I am Hope and I can help man to face the future. When things are terrible you will always have hope that they can and will get better." And with these words Hope flew up into the sky.

Przelatując nad ziemią ujrzała Prometeusza przykutego do skały i musnęła jego serce.

Upłynęło jeszcze kilka tysiącleci zanim Herakles go uwolnił, ale – jak to mówią – to już inna historia...

As Hope journeyed across the earth it passed Prometheus chained to the mountain and touched his heart.

It would take a few more thousand years before Heracles set him free but that, as they say, is another story.